AF188082

Impressum
Verlag: BABADADA GmbH, Nedderfeld 112 , 22529 Hamburg
Geschäftsführer / Verlagsleitung: Harald Hof
Druck: Books on Demand GmbH, In de Tarpen 42, 22848 Norderstedt

Imprint
Publisher: BABADADA GmbH, Nedderfeld 112 , 22529 Hamburg, Germany
Managing Director / Publishing direction: Harald Hof
Print: Books on Demand GmbH, In de Tarpen 42, 22848 Norderstedt

Szkoła
school

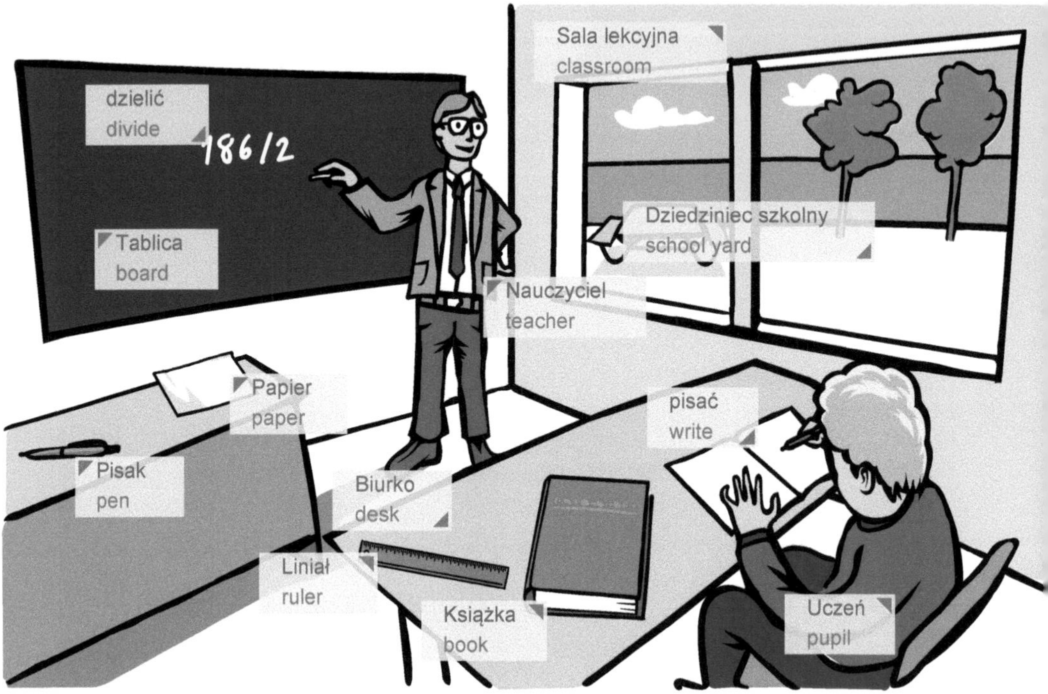
Sala lekcyjna
classroom
dzielić
divide
186/2
Tablica
board
Dziedziniec szkolny
school yard
Nauczyciel
teacher
Papier
paper
pisać
write
Pisak
pen
Biurko
desk
Liniał
ruler
Książka
book
Uczeń
pupil

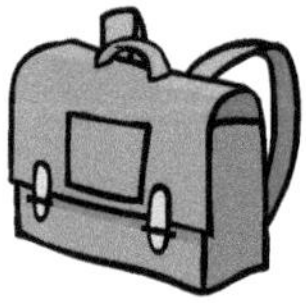

Plecak szkolny
satchel

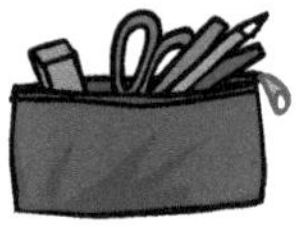

Piórnik
pencil case

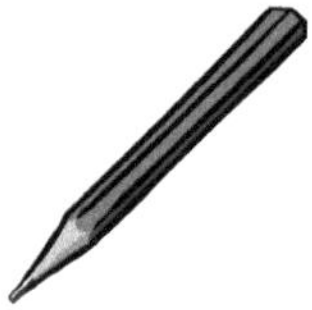

Ołówek
pencil

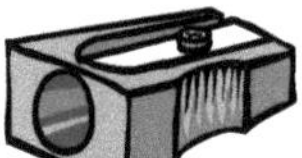

Temperówka
pencil sharpener

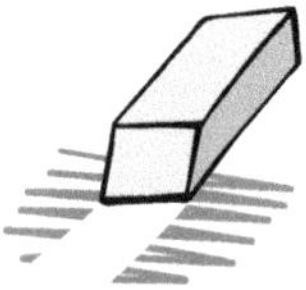

Gumka do mazania
rubber

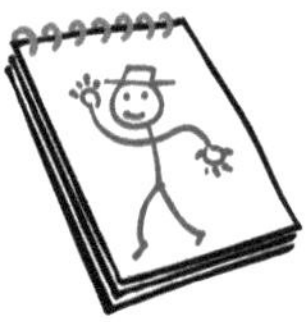

Blok rysunkowy
drawing pad

Rysunek

drawing

Pędzel

paintbrush

Pudełko z akwarelami

paint box

Nożyce

scissors

Klej

glue

Książka do ćwiczenia

exercise book

Zadanie domowe

homework

12

Liczba

number

2+2

dodawać

add

5-2

odejmować

subtract

2×2

mnożyć

multiply

liczyć

calculate

A

Litera

letter

ABCDEFG HIJKLMN OPQRSTU VWXYZ

Alfabet

alphabet

hello

Słowo

word

Tekst

text

czytać

read

Kreda

chalk

Godzina

lesson

Dziennik lekcyjny

register

Egzamin

examination

Świadectwo

certificate

Mundurek szkolny

school uniform

Wykształcenie

education

Leksykon

encyclopedia

Uniwersytet

university

Mikroskop

microscope

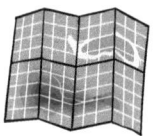

Mapa

map

Kosz na odpadki

waste-paper basket

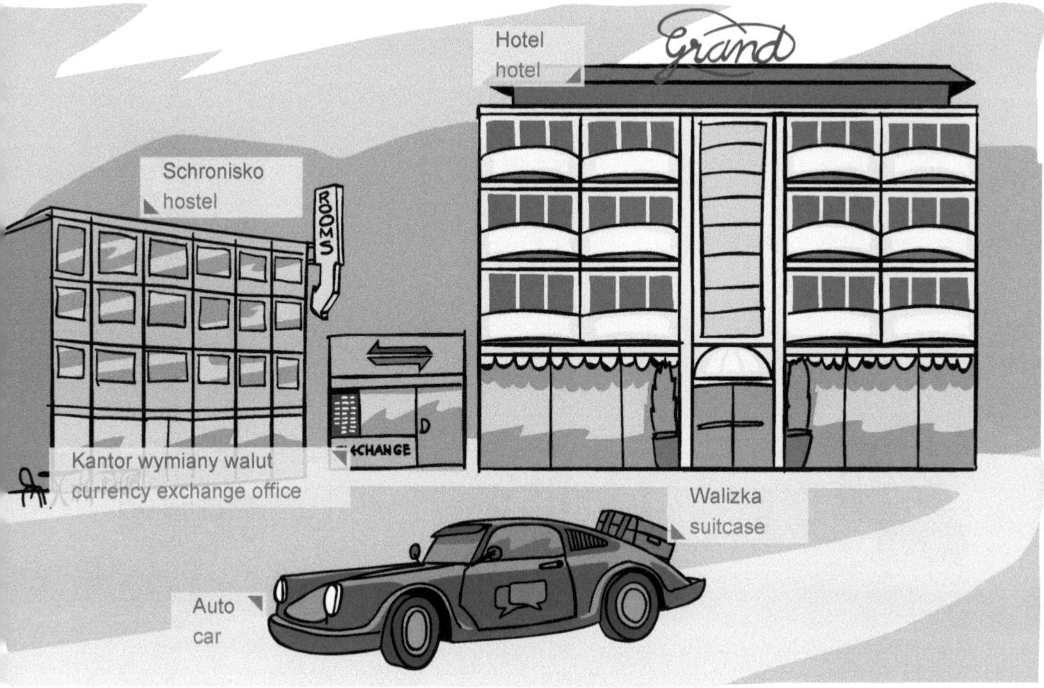

Hotel
hotel
Grand
Schronisko
hostel
ROOMS
Kantor wymiany walut
currency exchange office
EXCHANGE
Walizka
suitcase
Auto
car

Język

language

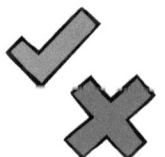

tak / nie

yes / no

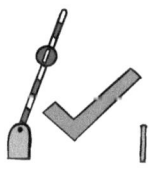

OK

Okay

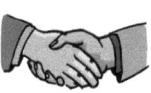

Halo

hello

Tłumacz

translator

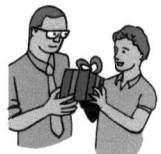

Dziękuję

Thank you

Ile kosztuje ...?

how much is...?

Nie rozumiem

I don´t get it

Problem

problem

Dobry wieczór!

Good evening!

Dzień dobry!

Good morning!

Dobranoc!

Good night!

Do widzenia

goodbye

Kierunek

direction

Bagaż

luggage

Torba

bag

Plecak

backpack

Gość

guest

Pokój

room

Śpiwór

sleeping bag

Namiot

tent

Informacja turystyczna

tourist information

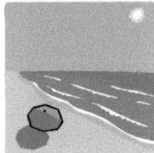

Plaża

beach

Karta kredytowa

credit card

Śniadanie

breakfast

Obiad

lunch

Kolacja

dinner

Bilet

Ticket

Winda

elevator

Znaczek na list

stamp

Granica

border

Cło

customs

Ambasada

embassy

Wiza

visa

Paszport

passport

Transport
transport

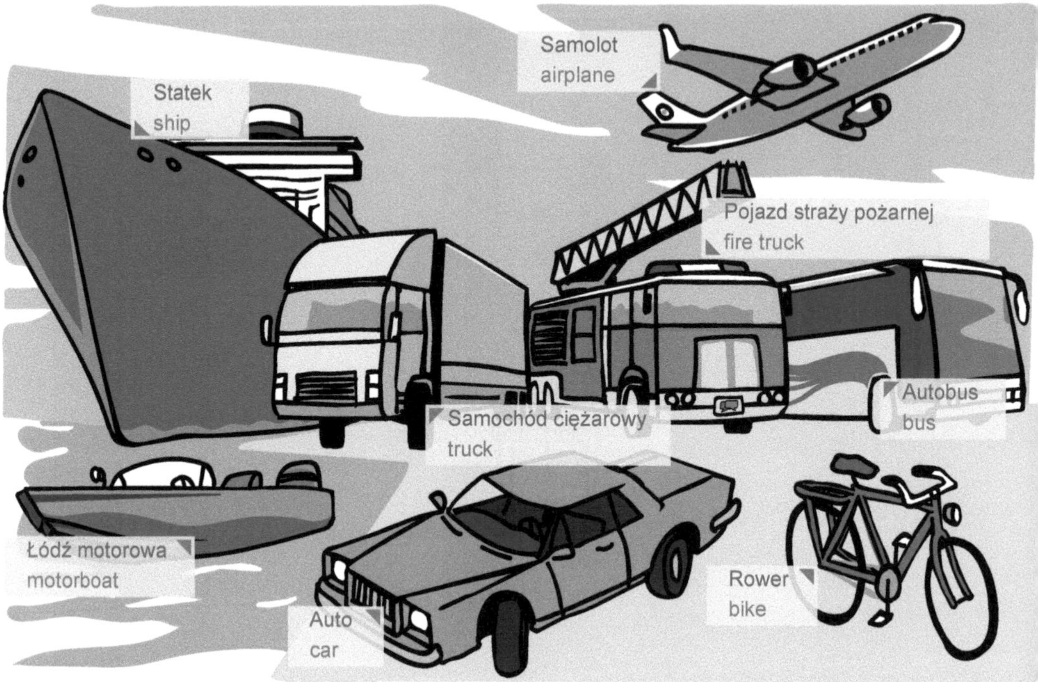

Samolot
airplane

Statek
ship

Pojazd straży pożarnej
fire truck

Autobus
bus

Samochód ciężarowy
truck

Łódź motorowa
motorboat

Rower
bike

Auto
car

Prom

ferry

Łódź

boat

Motocykl

motorbike

Radiowóz policyjny

police car

Samochód wyścigowy

racing car

Samochód wypożyczony

rental car

Wspólne przejazdy
samochodem
....
car sharing

Samochód pomocy
drogowej
....
tow truck

Śmieciarka
....
garbage truck

Silnik
....
engine

Benzyna
....
fuel

Stacja benzynowa
....
fuel station

Znak drogowy
....
traffic sign

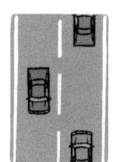

Ruch
....
traffic

Korek
....
traffic jam

Parking
....
parking lot

Dworzec
....
train station

Szyny
....
tracks

Pociąg
....
train

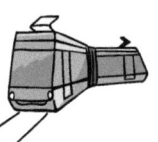

Tramwaj
....
tram

Wagon
....
wagon

Helikopter

helicopter

Lotnisko

airport

Wieża

tower

Pasażer

passenger

Kontener

container

Karton

carton

Taczka

cart

Kosz

basket

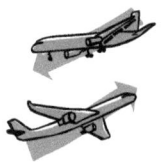

startować / lądować

take off / land

Miasto
city

Wieś

village

Centrum miasta

city center

Dom

house

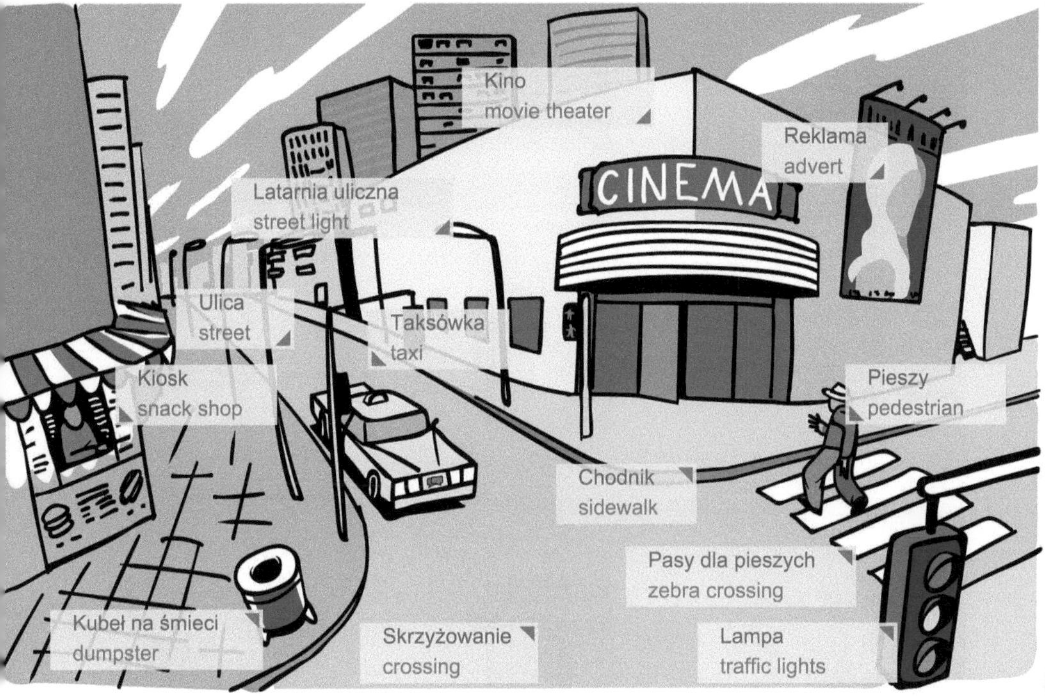

Kino
movie theater

Reklama
advert

Latarnia uliczna
street light

CINEMA

Ulica
street

Taksówka
taxi

Pieszy
pedestrian

Kiosk
snack shop

Chodnik
sidewalk

Pasy dla pieszych
zebra crossing

Kubeł na śmieci
dumpster

Skrzyżowanie
crossing

Lampa
traffic lights

Chata

hut

Mieszkanie

apartment

Dworzec

train station

Ratusz

city hall

Muzeum

museum

Szkoła

school

Uniwersytet

university

Bank

bank

Szpital

hospital

Hotel

hotel

Apteka

pharmacy

Biuro

office

Księgarnia

book shop

Sklep

shop

Kwiaciarnia

flower shop

Supermarket

supermarket

Rynek

market

Dom towarowy

department store

Sklep z rybami

fishmonger's shop

Centrum handlowe

mall

Port

harbor

Park

park

Ławka

bench

Most

bridge

Schody

stairs

Metro

subway

Tunel

tunnel

Przystanek autobusowy

bus stop

Bar

bar

Restauracja

restaurant

Skrzynka na listy

postbox

Tabliczka z nazwą ulicy

street sign

Parkometr

parking meter

Zoo

zoo

Łaźnia

swimming pool

Meczet

mosque

Gospodarstwo chłopskie

farm

Zanieczyszczenie środowiska

pollution

Cmentarz

cemetery

Kościół

church

Plac zabaw

playground

Świątynia

temple

Krajobraz
landscape

Liść
leaf

Drogowskaz
signpost

Droga
path

Łąka
meadow

Kamień
stone

Drzewo
tree

Wędrowiec
hiker

Rzeka
river

Trawa
grass

Kwiat
flower

Dolina

valley

Góra

hill

Jezioro

lake

Las

forest

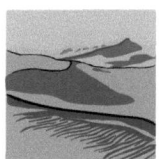

Pustynia

desert

Wulkan

volcano

Zamek

castle

Tęcza

rainbow

Grzyb

mushroom

Palma

palm tree

Komar

mosquito

Mucha

fly

Mrówka

ant

Pszczoła

bee

Pająk

spider

Chrząszcz

beetle

Żaba

frog

Wiewiórka

squirrel

Jeż

hedgehog

Zając

hare

Sowa

owl

Ptak

bird

Łabędź

swan

Dzik

boar

Jeleń

deer

Łoś

moose

Tama

dam

Wiatrak

wind turbine

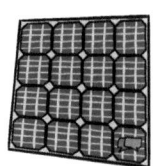

Moduł solarny

solar panel

Klimat

climate

Restauracja
restaurant

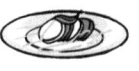

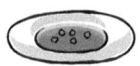

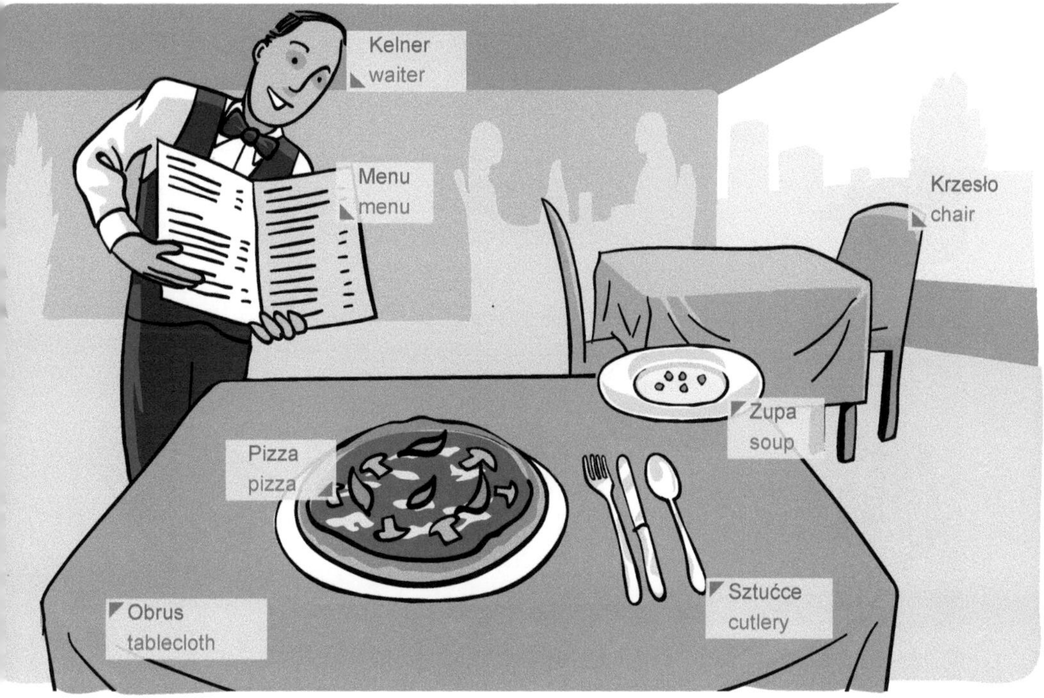
Kelner
waiter
Menu
menu
Krzesło
chair
Zupa
soup
Pizza
pizza
Obrus
tablecloth
Sztućce
cutlery

Przystawka

starter

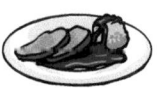

Danie główne

main course

Deser

dessert

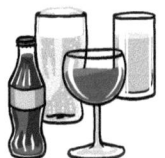

Napoje

drinks

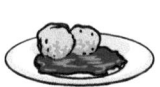

Jedzenie

food

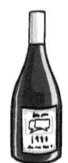

Butelka

bottle

Fastfood

fast food

Streetfood

street food

Dzbanek na herbatę

teapot

Cukierniczka

sugar bowl

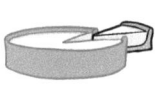

Porcja

portion

Zaparzarka do espresso

espresso machine

Krzesło dla dziecka

high chair

Rachunek

bill

Taca

tray

Noż

knife

Widelec

fork

Łyżka

spoon

Łyżeczka

teaspoon

Serwetka

serviette

Szklanka

glass

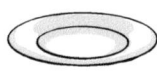

Talerz

plate

Talerz do zupy

soup plate

Podstawek pod filiżankę

saucer

Sos

sauce

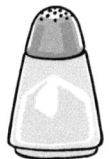

Solniczka

salt shaker

Młynek do pieprzu

pepper mill

Ocet

vinegar

Olej

oil

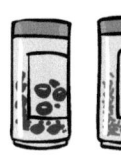

Przyprawy

spices

Keczup

ketchup

Musztarda

mustard

Majonez

mayonnaise

Supermarket
supermarket

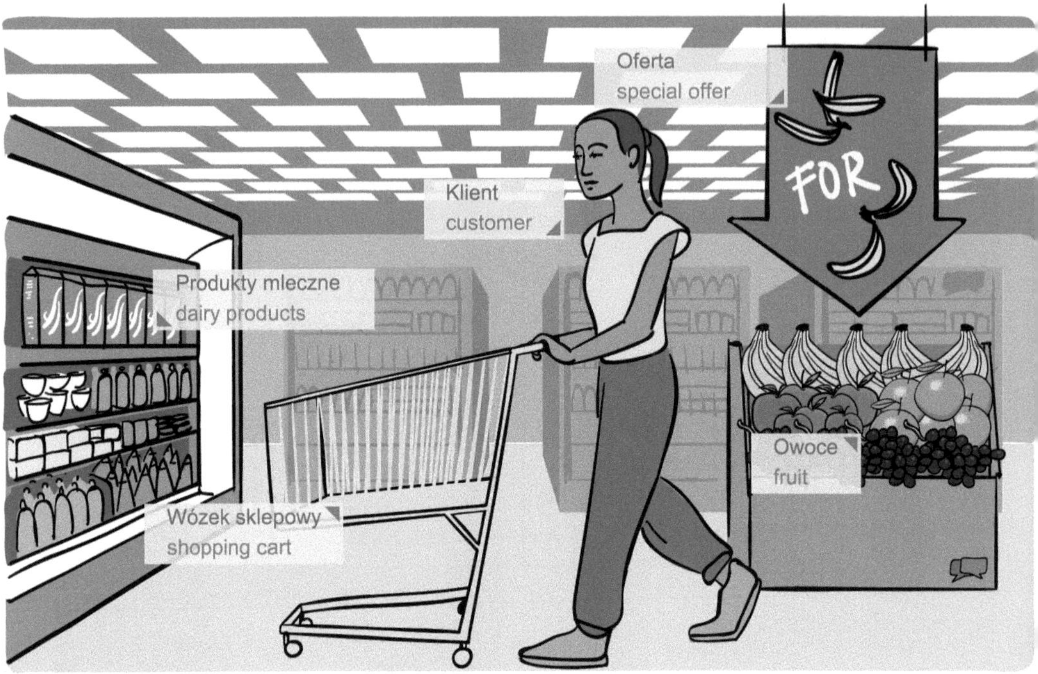

Oferta
special offer
FOR
Klient
customer
Produkty mleczne
dairy products
Owoce
fruit
Wózek sklepowy
shopping cart

BUTCHERS

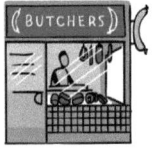

Rzeźnia

butcher's shop

BAKERY

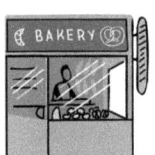

Piekarnia

bakery

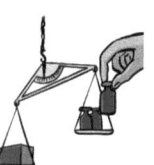

ważyć

weigh

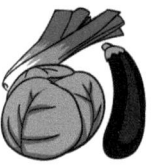

Warzywa

vegetables

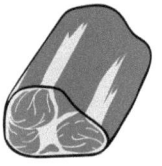

Mięso

meat

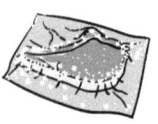

Mrożonki

frozen food

Wędliny

cold cuts

Konserwy

canned food

Proszek m do prania

detergent

Słodycze

candy

Artykuły użytku domowego

household products

Środek czyszczący

cleaning products

Sprzedawczyni

sales representative

Kasa

cash register

Kasjer

cashier

Lista zakupów

shopping list

Godziny otwarcia

opening hours

Portfel

wallet

Karta kredytowa

credit card

Torba

bag

Torebka plastikowa

plastic bag

Woda

water

Sok

juice

Mleko

milk

Cola

coke

Wino

wine

Piwo

beer

Alkohol

alcohol

Kakao

cocoa

Herbata

tea

Kawa

coffee

Espresso

espresso

Cappuccino

cappuccino

Banan

banana

Jabłko

apple

Pomarańcza

orange

Arbuz

melon

Cytryna

lemon

Marchew

carrot

Czosnek

garlic

Bambus

bamboo

Cebula

onion

Grzyb

mushroom

Orzechy

nuts

Makaron

noodles

Spaghetti

spaghetti

Ryż

rice

Sałatka

salad

Frytki

fries

Ziemniaki pieczone

fried potatoes

Pizza

pizza

Hamburger

hamburger

Kanapka

sandwich

Sznycel

escalope

Szynka

ham

Salami

salami

Kiełbasa

sausage

Kura

chicken

Pieczeń

roast

Ryba

fish

Płatki owsiane

porridge oats

Musli

muesli

Płatki kukurydziane

cornflakes

Mąka

flour

Croissant

croissant

Bułka

bread roll

Chleb

bread

Toast

toast

Ciastka

cookies

Masło

butter

Twarożek

curd

Ciasto

cake

Jajko

egg

Jajko sadzone

fried egg

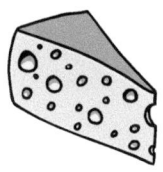

Ser

cheese

Lody

ice cream

Cukier

sugar

Miód

honey

Marmolada

jelly

Krem nugatowy

nougat cream

Curry

curry

Gospodarstwo chłopskie

farm

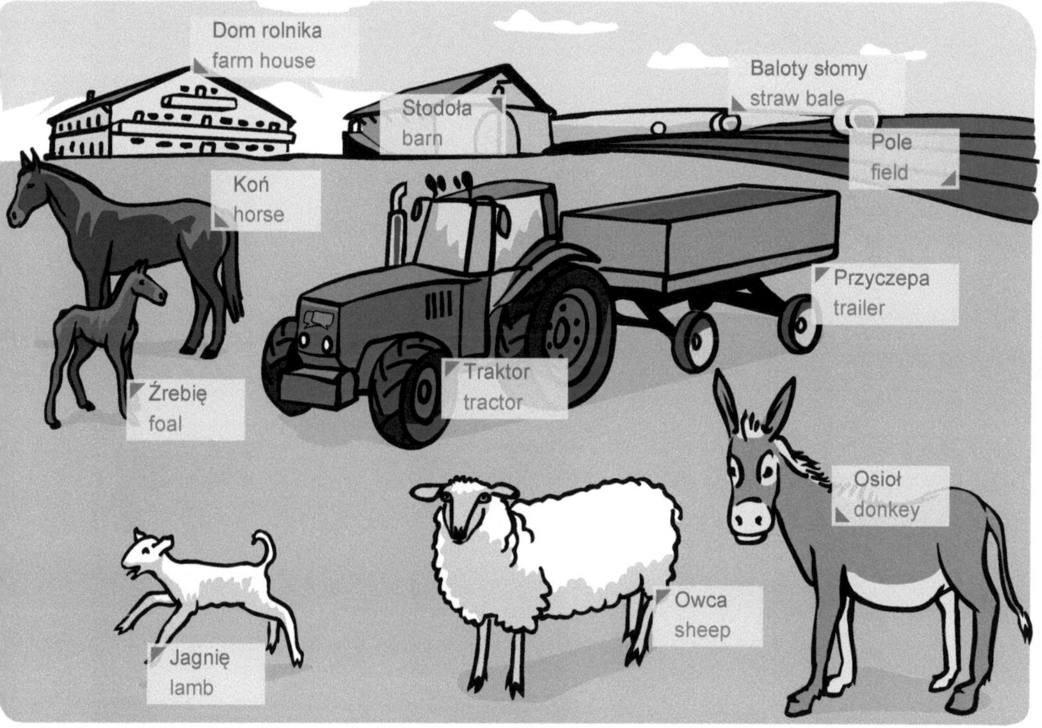
Dom rolnika
farm house
Stodoła
barn
Baloty słomy
straw bale
Pole
field
Koń
horse
Przyczepa
trailer
Traktor
tractor
Źrebię
foal
Osioł
donkey
Owca
sheep
Jagnię
lamb

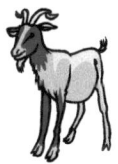

Koza

goat

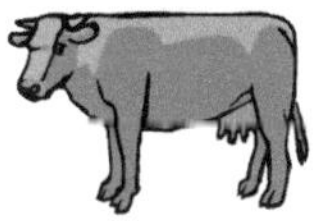

Krowa

cow

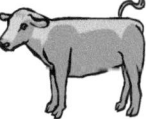

Cielę

calf

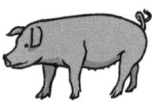

Świnia

pig

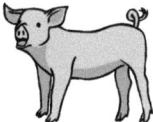

Prosię

piglet

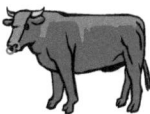

Byk

bull

Gęś

goose

Kaczka

duck

Kurczątko

chick

Kura

hen

Kogut

cockerel

Szczur

rat

Kot

cat

Mysz

mouse

Osioł

ox

Pies

dog

Buda dla psa

dog house

Wąż ogrodowy

garden hose

Konewka

watering can

Kosa

scythe

Pług

plow

Sierp
sickle

Graca
hoe

Widły
pitchfork

Siekiera
axe

Taczka
pushcart

Koryto
trough

Kanka na mleko
milk can

Worek
sack

Płot
fence

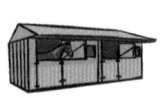

Stajnia
stable

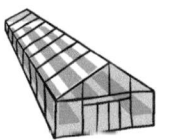

Szklarnia
greenhouse

Ziemia
soil

Nasiona
seed

Nawóz
fertilizer

Kombajn zbożowy
combine harvester

zbierać

harvest

Żniwa

harvest

Podchrzyn

yams

Pszenica

wheat

Soja

soya

Ziemniak

potato

Kukurydza

corn

Rzepak

rapeseed

Drzewo owocowe

fruit tree

Maniok

manioc

Zboże

grain

Dom
house

Komin
chimney
Dach
roof
Rynna deszczowa
downspout
Okno
window
Garaż
garage
Dzwonek
doorbell
Drzwi
door
Wiaderko na śmieci
trash can
Skrzynka na listy
mailbox
Ogród
garden

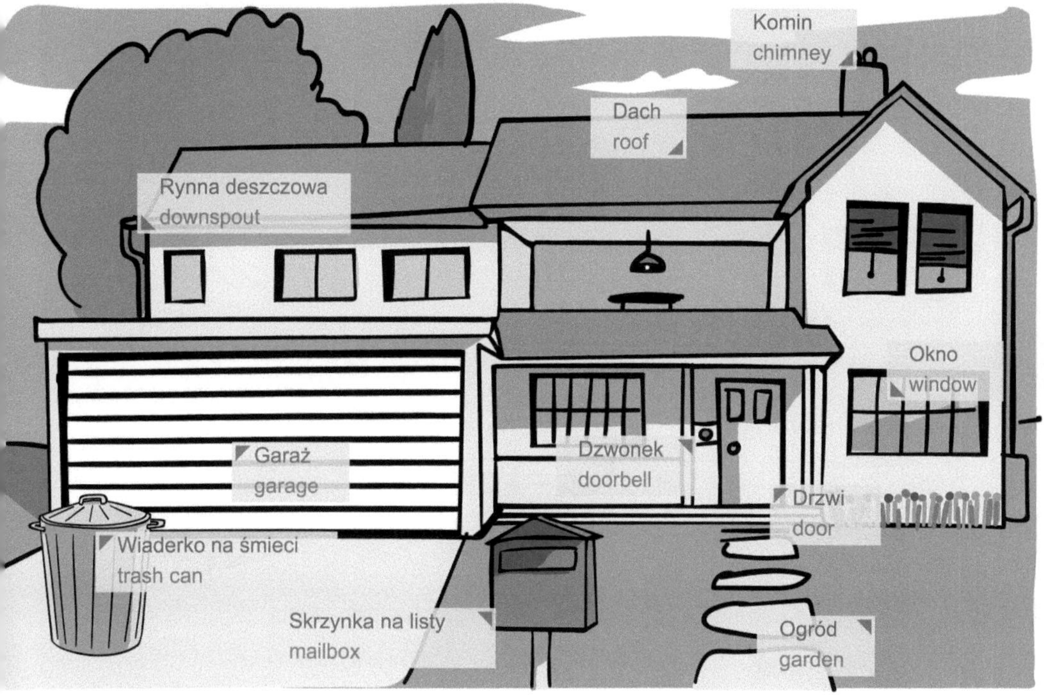

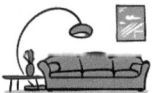

Pokój dzienny

living room

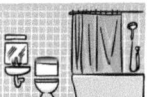

Łazienka

bathroom

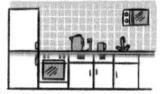

Kuchnia

kitchen

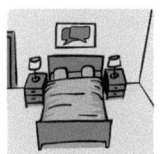

Sypialnia

bedroom

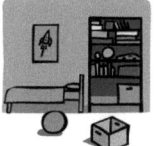

Pokój dziecięcy

kids room

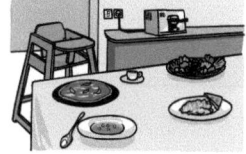

Jadalnia

dining room

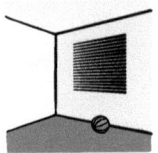

Ziemia

floor

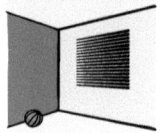

Ściana

wall

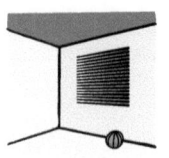

Koc

ceiling

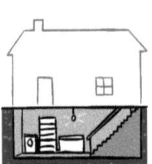

Piwnica

cellar

Sauna

sauna

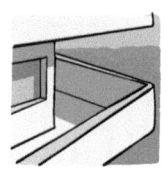

Balkon

balcony

Taras

terrace

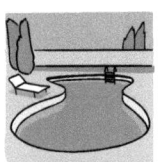

Basen

pool

Kosiarka do trawy

lawn mower

Poszwa

sheet

Kołdra

bedspread

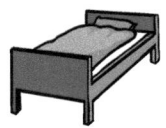

Łóżko

bed

Miotła

broom

Wiadro

bucket

Włącznik

switch

Pokój dzienny
living room

Tapeta
wallpaper
Obraz
picture
Lampa
lamp
Regał
shelf
Szafa
cabinet
Telewizor
television
Komin
fireplace
Kwiat
flower
Poduszka
cushion
Kanapa
sofa
Wazon
vase
Pilot
remote control

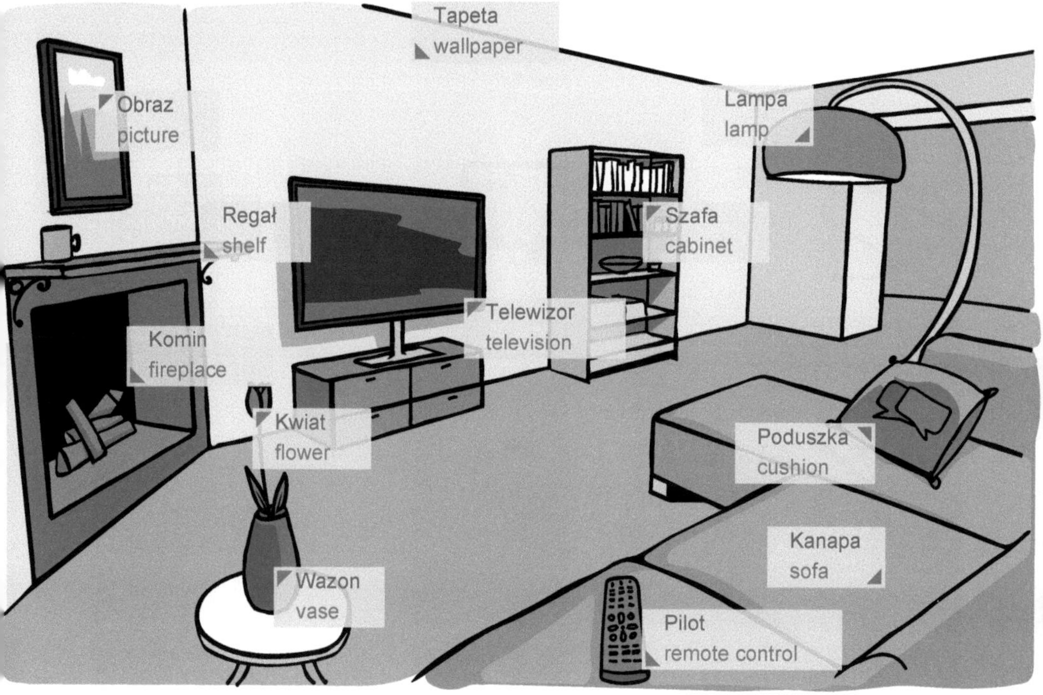

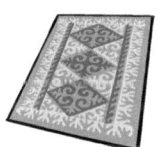

Dywan
carpet

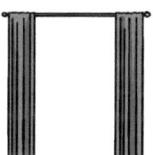

Zasłona
drape

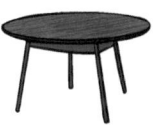

Stół
table

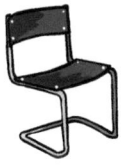

Krzesło
chair

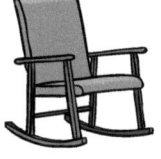

Bujak
rocking chair

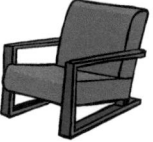

Fotel
armchair

Książka

book

Sufit

blanket

Dekoracja

decoration

Drewno kominkowe

firewood

Film

film

Instalacja stereo

stereo system

Klucz

key

Gazeta

newspaper

Malunek

painting

Plakat

poster

Radio

radio

Notatnik

notebook

Odkurzacz

vacuum cleaner

Kaktus

cactus

Świeczka

candle

Kuchnia
kitchen

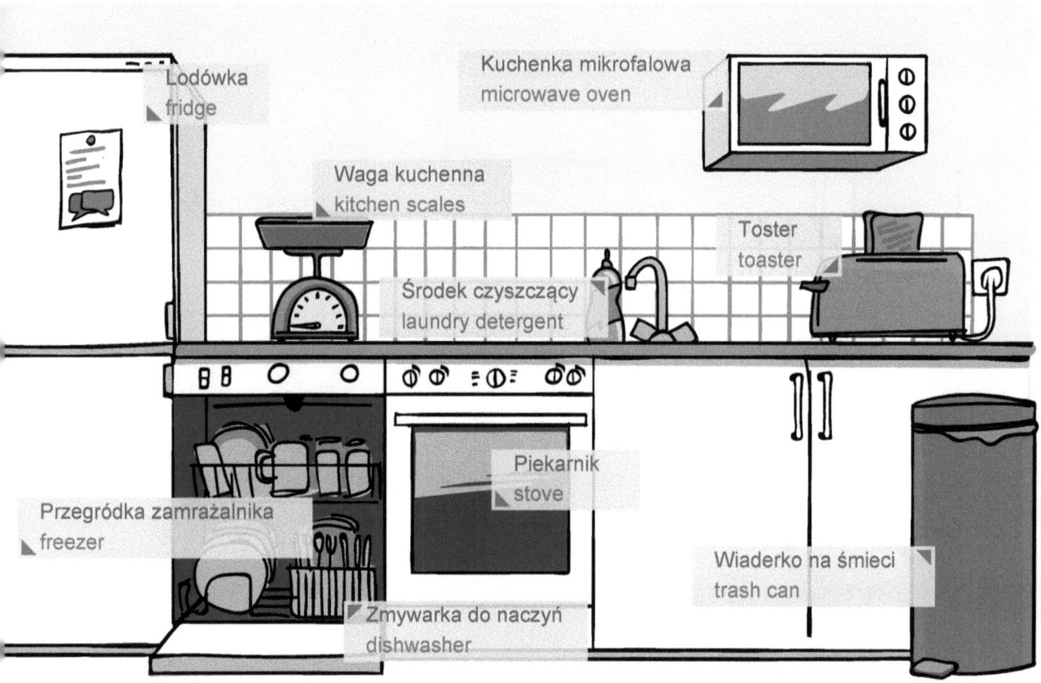

Lodówka
fridge
Kuchenka mikrofalowa
microwave oven
Waga kuchenna
kitchen scales
Toster
toaster
Środek czyszczący
laundry detergent
Piekarnik
stove
Przegródka zamrażalnika
freezer
Wiaderko na śmieci
trash can
Zmywarka do naczyń
dishwasher

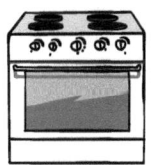

Kuchenka

cooker

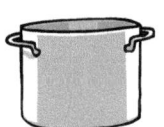

Garnek

pot

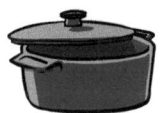

Kocioł żeliwny

cast-iron pot

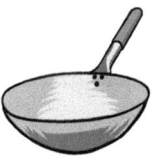

Wok / Kadai

wok / kadai

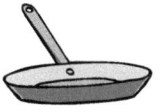

Patelnia

pan

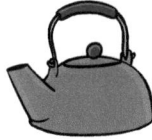

Czajnik

kettle

Parowar

steamer

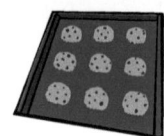

Blacha do pieczenia

baking tray

Naczynia kuchenne

crockery

Kubek

mug

Miska

bowl

Pałeczki

chopsticks

Nabierka

ladle

Łopatka do smażenia

spatula

Trzepaczka do śmietany

whisk

Cedzak

strainer

Sitko

sieve

Tarka

grater

Moździerz

mortar

Grillowanie

barbecue

Palenisko

fireplace

Deska

chopping board

Wałek do ciasta

rolling pin

Korkociąg

corkscrew

Puszka

can

Otwieracz do puszek

can opener

Ściereczka do trzymania garnka

oven cloth

Umywalka

sink

Szczotka

brush

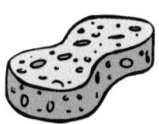

Gąbka

sponge

Mikser

blender

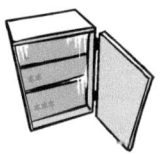

Zamrażarka

deep freezer

Butelka dla niemowlęcia

baby bottle

Kran

tap

Łazienka
bathroom

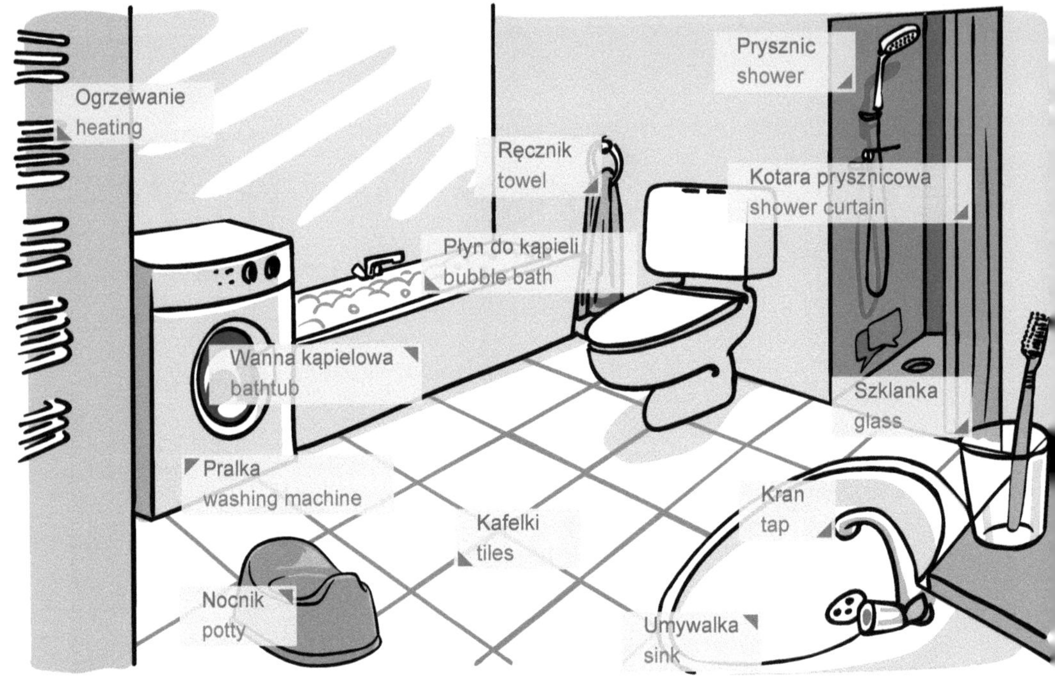
Ogrzewanie
heating
Ręcznik
towel
Prysznic
shower
Kotara prysznicowa
shower curtain
Płyn do kąpieli
bubble bath
Wanna kąpielowa
bathtub
Szklanka
glass
Pralka
washing machine
Kran
tap
Kafelki
tiles
Nocnik
potty
Umywalka
sink

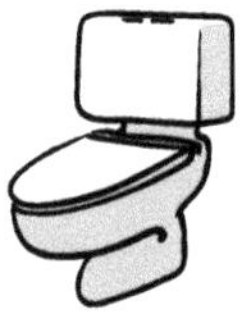

Toaleta
toilet

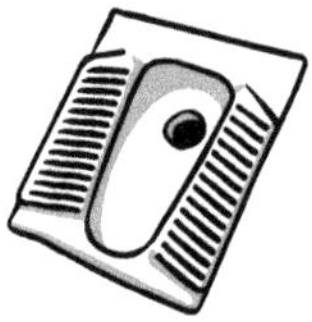

Toaleta kuczna
squat toilet

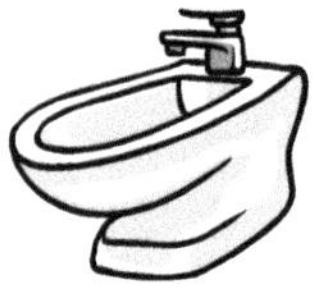

Bidet
bidet

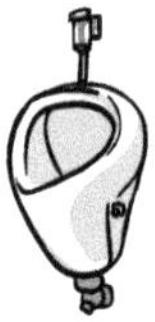

Pisuar
urinal

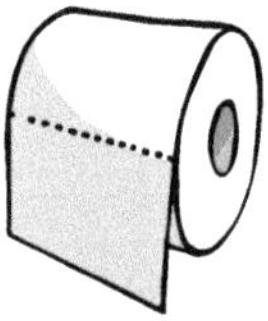

Papier toaletowy
toilet paper

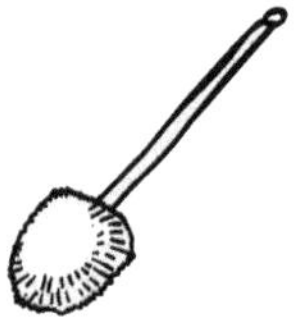

Szczotka toaletowa
toilet brush

Szczoteczka do zębów

toothbrush

Pasta do zębów

toothpaste

Nitki do czyszczenia zębów

dental floss

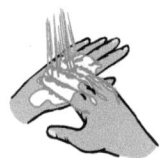

myć

wash

Głowica prysznicowa

hand shower

Płyn kąpielowy do higieny intymnej

douche

Miska do mycia

basin

Szczotka kąpielowa

back brush

Mydło

soap

Żel prysznicowy

shower gel

Szampon

shampoo

Rękawica kąpielowa

flannel

Odpływ

drain

Krem

creme

Dezodorant

deodorant

Lustro

mirror

Lustro kosmetyczne

hand mirror

Golarka

razor

Pianka do golenia

shaving foam

Woda po goleniu

aftershave

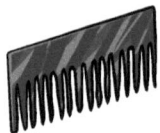

Grzebień

comb

Szczotka

brush

Suszarka do włosów

hair-dryer

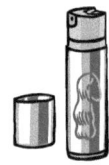

Spray do włosów

hairspray

Makijaż

makeup

Pomadka

lipstick

Lakier do paznokci

nail varnish

Wata

cotton wool

Nożyczki do paznokci

nail scissors

Perfum

perfume

Kosmetyczka

washbag

Taboret

stool

Waga

weighing scales

Szlafrok kąpielowy

bathrobe

Rękawice gumowe

rubber gloves

Tampon

tampon

Podpaska damska

sanitary towel

Toaleta chemiczna

chemical toilet

Pokój dziecięcy
kids room

Budzik
alarm clock
Pluszowa przytulanka
cuddly toy
Samochodzik
toy car
Grzechotka
rattle
Domek dla lalek
doll's house
Prezent
present

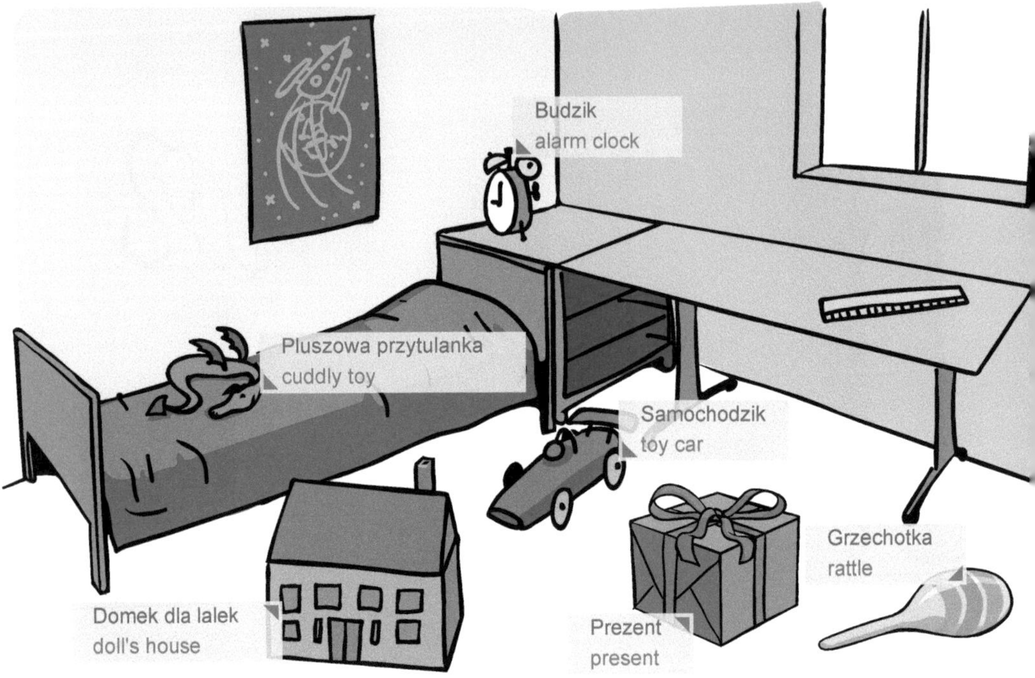

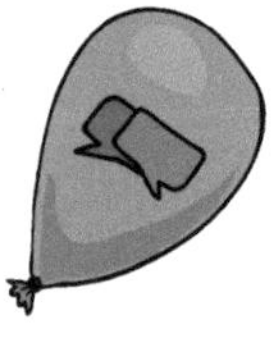

Balon

balloon

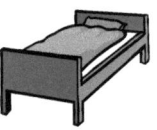

Łóżko

bed

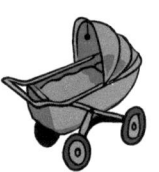

Wózek dziecięcy

stroller

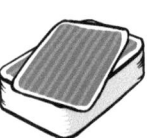

Gra w karty

deck of cards

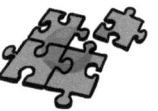

Puzzle

jigsaw

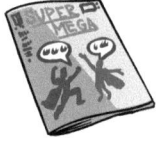

Komiks

comic

Klocki lego

lego bricks

Klocki

toy blocks

Action figura

action figure

Śpioszek dziecięcy

romper suit

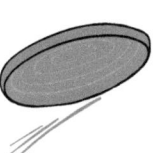

Frisbee

frisbee

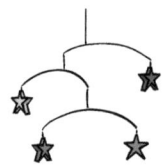

Zabawki ruchome

mobile

Gra planszowa

board game

Kości

dice

Kolejka elektryczna

model train set

Smoczek

pacifier

Przyjęcie

party

Książka z ilustracjami

picture book

Piłka

ball

Lalka

doll

bawić się

play

Piaskownica

sandpit

Huśtawka

swing

Zabawki

toys

Konsola do gier

video game console

Rowerek trójkołowy

tricycle

Pluszowy miś

teddy bear

Szafa ubraniowa

wardrobe

Ubiór

clothing

Skarpety

socks

Pończochy

stockings

Rajstopy

tights

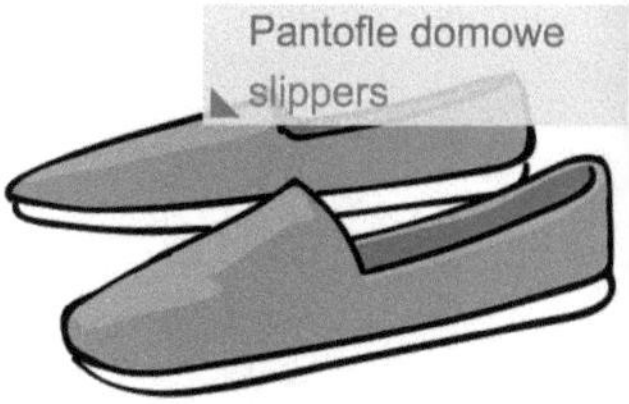

Szal
scarf

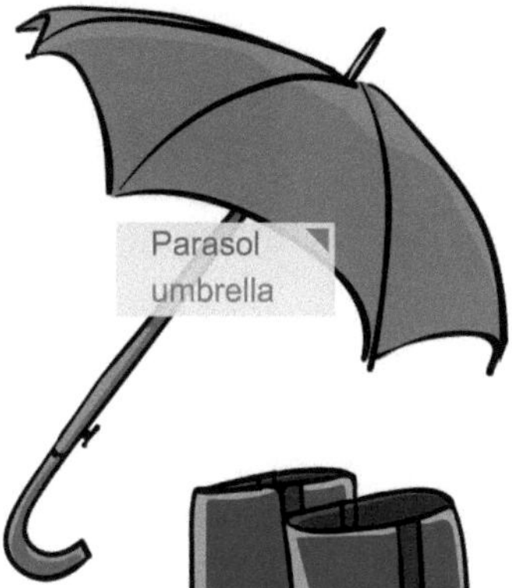

Parasol
umbrella

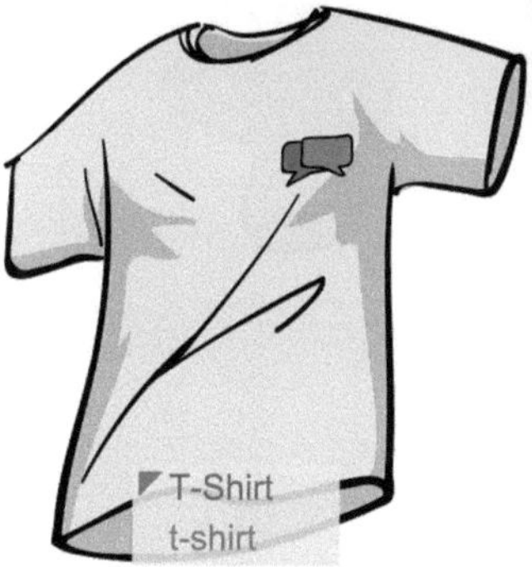

T-Shirt
t-shirt

Pasek
belt

Kozaki
boots

Pantofle domowe
slippers

Obuwie sportowe
sneakers

Sandały

sandals

Buty

shoes

Kalosze

rubber boots

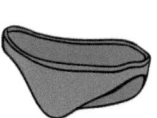

Majtki

underwear

Biustonosz

bra

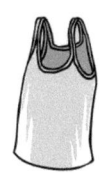

Podkoszulek

undershirt

Body

body

Spodnie

pants

Dżins

jeans

Spódnica

skirt

Bluzka

blouse

Koszula

shirt

Pulower

pullover

Bluza sportowa

sweater

Marynarka

blazer

Kurtka

jacket

Płaszcz

coat

Płaszcz przeciwdeszczowy

raincoat

Kostium

costume

Sukienka

dress

Suknia ślubna

wedding dress

Garnitur męski

suit

Koszula nocna

nightgown

Piżama

pajamas

Sari

sari

Chusta na głowę

headscarf

Turban

turban

Burka

burka

Kaftan

kaftan

Abaya

abaya

Strój kąpielowy

swimsuit

Kąpielówki

trunks

Krótkie spodnie

shorts

Dres sportowy

tracksuit

Fartuch

apron

Rękawiczki

gloves

Guzik

button

Okulary

glasses

Bransoletka

bracelet

Łańcuszek

necklace

Pierścionek

ring

Kolczyk

earring

Czapka

cap

Wieszak

coat hanger

Kapelusz

hat

Krawat

tie

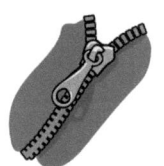

Zamek błyskawiczny

zip

Kask

helmet

Szelki

braces

Mundurek szkolny

school uniform

Mundur

uniform

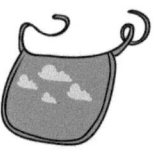

Śliniaczek

bib

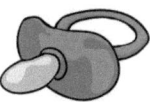

Smoczek

pacifier

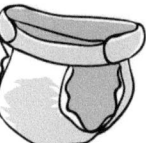

Pieluszka

diaper

Biuro
office

Serwer
server
Szafa na akta
filing cabinet
Papier
paper
Drukarka
printer
Monitor
monitor
Biurko
desk
Mysz
mouse
Segregator
folder
Klawiatura
keyboard
Kosz na odpadki
waste-paper basket
Krzesło
chair
Komputer
computer

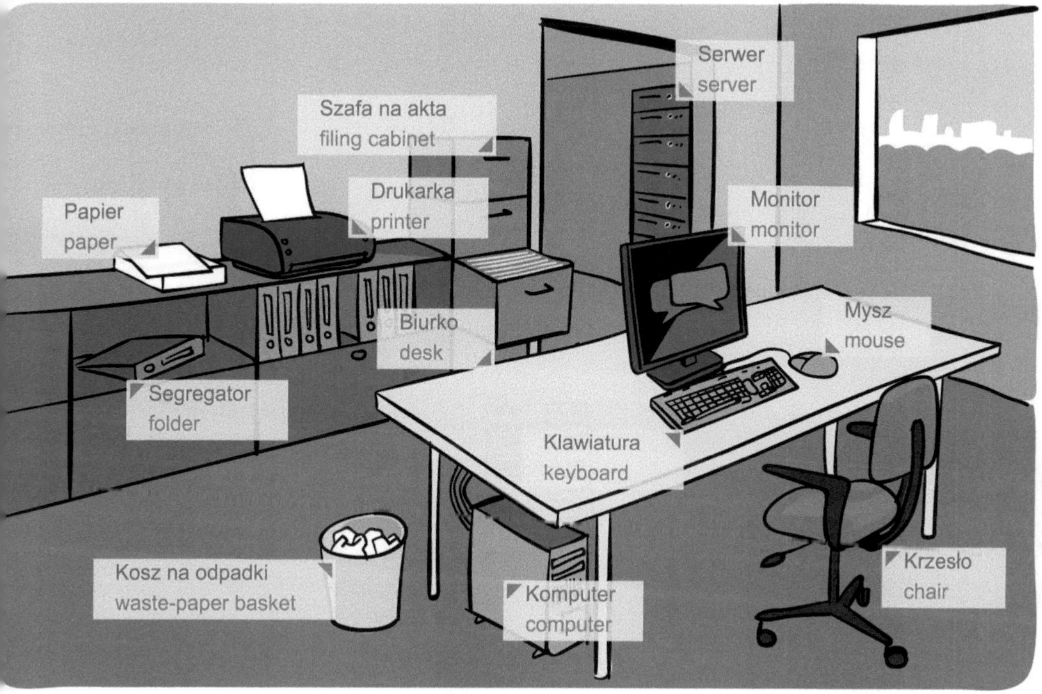

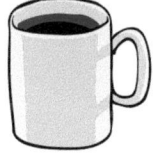

Filiżanka do kawy

coffee mug

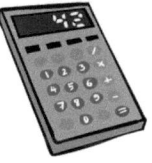

Kalkulator

calculator

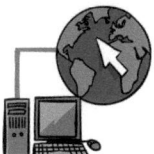

Internet

internet

Laptop

laptop

List

letter

Wiadomość

message

Komórka

cell phone

Sieć

network

Kopiarka

photocopier

Oprogramowanie

software

Telefon

telephone

Gniazdko

plug socket

Faks

fax machine

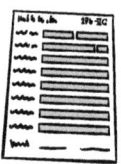

Formularz

form

Dokument

document

kupić

buy

płacić

pay

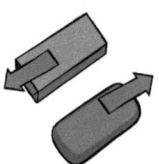

postępować

trade

Pieniądze

money

Dolar

dollar

Euro

euro

Jen

yen

Rubel

rouble

Frank

Swiss franc

Juan Renminbi

renminbi yuan

Rupia

rupee

Bankomat

cash point

Kantor wymiany walut

currency exchange office

Złoto

gold

Srebro

silver

Olej

oil

Energia

energy

Cena

price

Umowa

contract

Podatek

tax

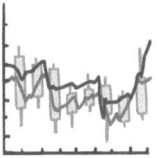

Akcja

stock

pracować

work

Pracownik umysłowy

employee

Pracodawca

employer

Fabryka

factory

Sklep

shop

Zawody
occupations

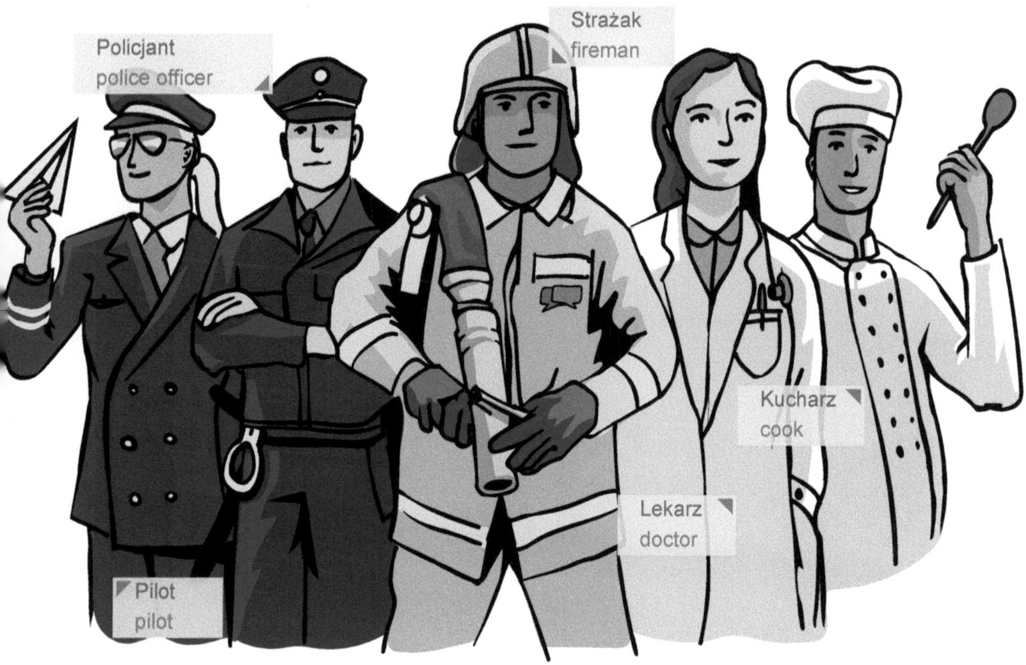
Policjant
police officer
Strażak
fireman
Kucharz
cook
Lekarz
doctor
Pilot
pilot

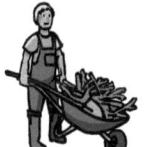

Ogrodnik
gardener

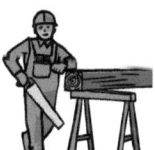

Stolarz
carpenter

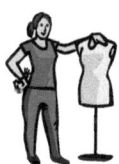

Krawcowa
seamstress

Sędzia
judge

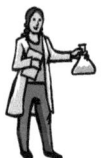

Chemik
chemist

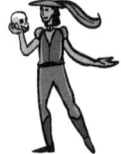

Aktor
actor

Kierowca autobusu

bus driver

Taksówkarz

taxi driver

Fischer

fisherman

Sprzątaczka

cleaning lady

Dekarz

roofer

Kelner

waiter

Myśliwy

hunter

Malarz

painter

Piekarz

baker

Elektryk

electrician

Robotnik budowlany

builder

Inżynier

engineer

Rzeźnik

butcher

Instalator

plumber

Listonosz

postman

Żołnierz

soldier

Architekt

architect

Kasjer

cashier

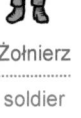

Florysta

florist

Fryzjer

hairdresser

Konduktor

conductor

Mechanik

mechanic

Kapitan

captain

Dentysta

dentist

Naukowiec

scientist

Rabin

rabbi

Imam

imam

Mnich

monk

Proboszcz

pastor

Narzędzia

tools

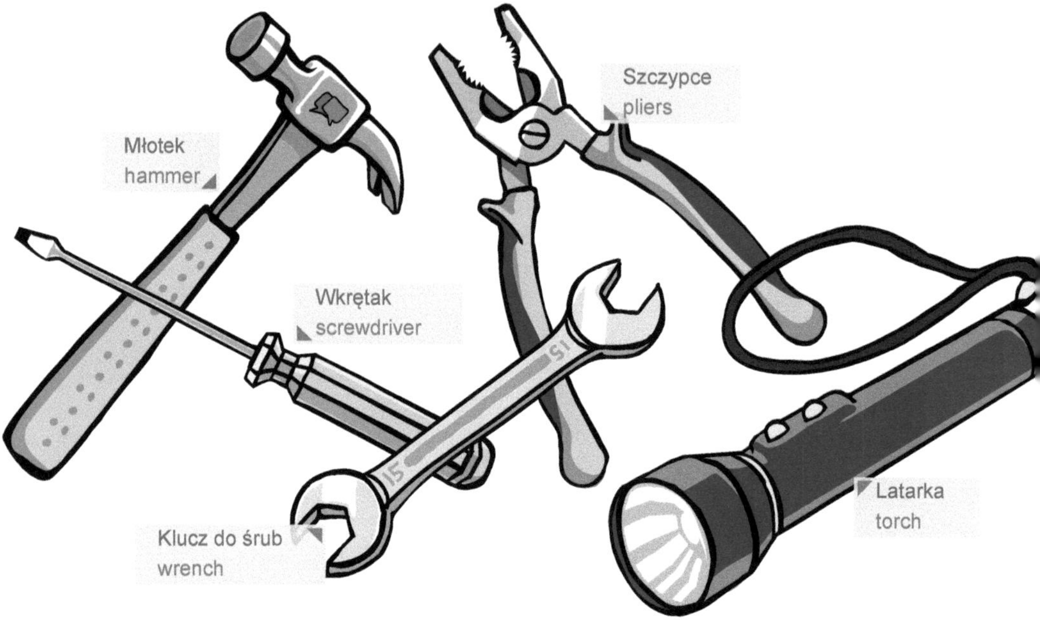
Młotek
hammer
Szczypce
pliers
Wkrętak
screwdriver
Klucz do śrub
wrench
Latarka
torch

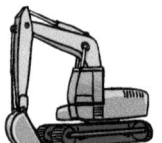

Koparka

excavator

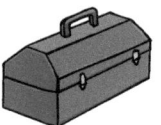

Skrzynka narzędziowa

toolbox

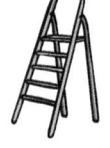

Drabina

ladder

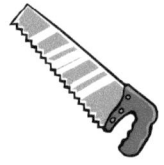

Piła

saw

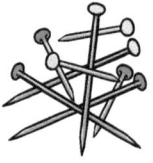

Gwoździe

nails

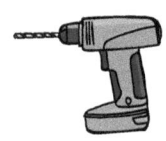

Wiertło

drill

naprawić
....
repair

Łopatka
....
shovel

Cholera!
....
Damn!

Szufelka
....
dustpan

Puszka z farbą
....
paint can

Śruby
....
screws

Instrumenty muzyczne
musical instruments

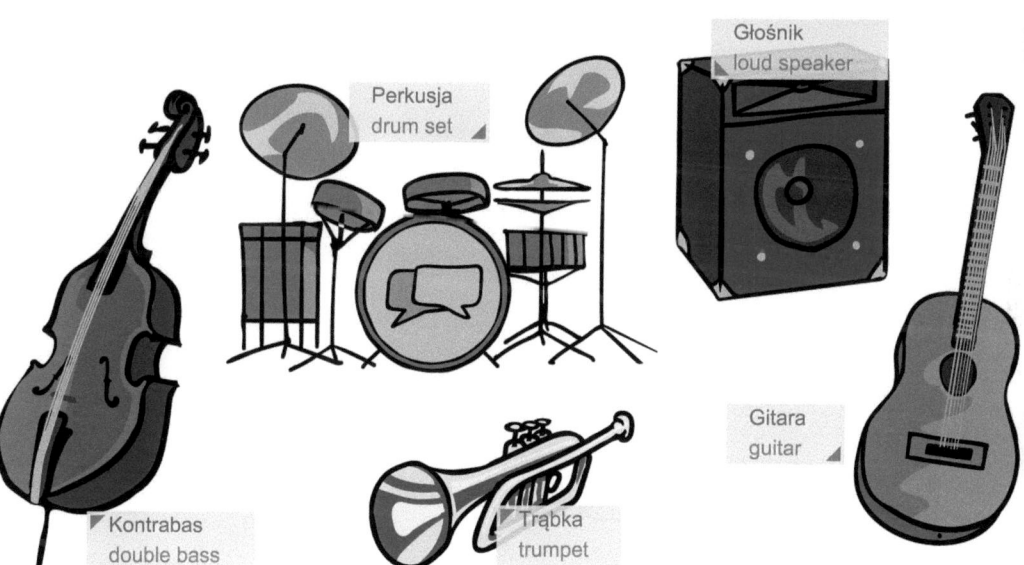

Głośnik
loud speaker

Perkusja
drum set

Kontrabas
double bass

Trąbka
trumpet

Gitara
guitar

Pianino

piano

Skrzypce

violin

Bas

bass

Kotły

timpani

Bęben

drums

Keyboard

keyboard

Saksofon

saxophone

Flet

flute

Mikrofon

microphone

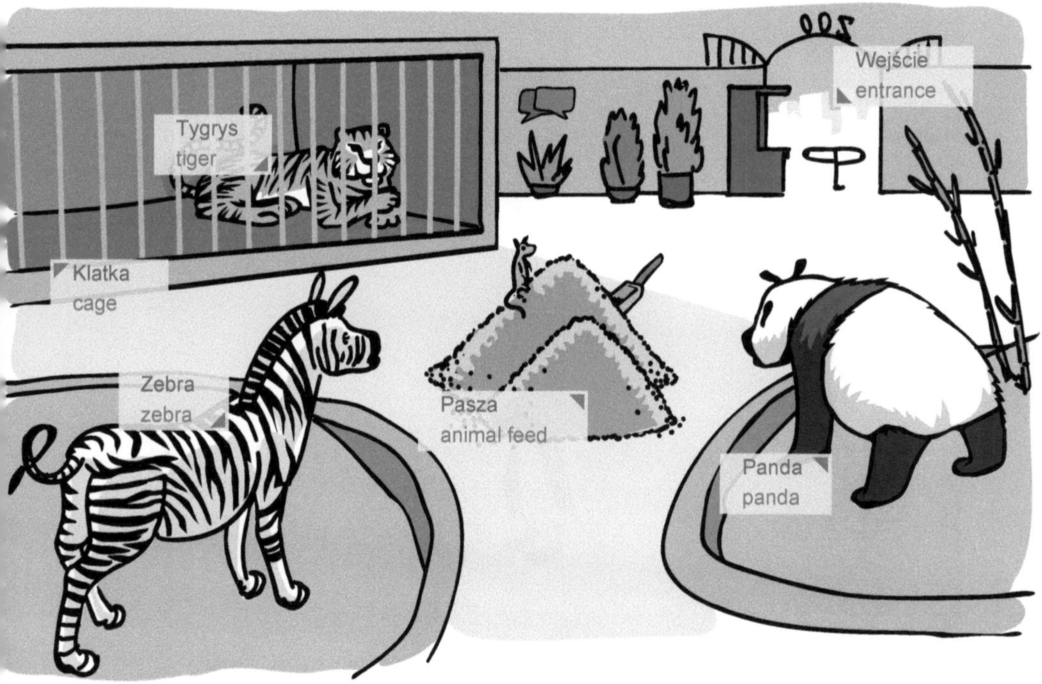

Wejście
entrance

Tygrys
tiger

Klatka
cage

Zebra
zebra

Pasza
animal feed

Panda
panda

Zwierzęta

animals

Słoń

elephant

Kangur

kangaroo

Nosorożec

rhino

Goryl

gorilla

Niedźwiedź

bear

Wielbłąd

camel

Struś

ostrich

Lew

lion

Małpa

monkey

Fleming

flamingo

Papuga

parrot

Niedźwiedź polarny

polar bear

Pingwin

penguin

Rekin

shark

Paw

peacock

Wąż

snake

Krokodyl

crocodile

Dozorca w zoo

zookeeper

Foka

seal

Jaguar

jaguar

Kucyk

pony

Gepard

leopard

Hipopotam

hippo

Żyrafa

giraffe

Orzeł

eagle

Dzik

boar

Ryba

fish

Żółw

turtle

Mors

walrus

Lis

fox

Gazela

gazelle

sports

Futbol amerykański
American football

Kolarstwo
cycling

Tenis
tennis

Koszykówka
basketball

Pływanie
swimming

Boks
boxing

Hokej na lodzie
ice hockey

Piłka nożna
soccer

Badminton
badminton

Lekka atletyka
athletics

Piłka ręczna
handball

Narciarstwo
skiing

Polo
polo

skakać
jump

objąć
hug

śmiać się
laugh

śpiewać
sing

iść
walk

modlić się
pray

całować
kiss

marzyć
dream

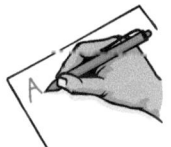

pisać

write

rysować

draw

pokazywać

show

nacisnąć

push

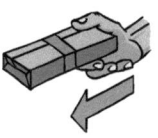

dać

give

wziąć

take

Działania - activities

63

mieć
have

robić
do

być
be

stać
stand

biegać
run

ciągnąć
pull

rzucać
throw

spaść
fall

leżeć
lie

czekać
wait

nosić
carry

siedzieć
sit

zakładać
get dressed

spać
sleep

budzić się
wake up

spojrzeć

look at

płakać

cry

głaskać

stroke

czesać się

comb

mówić

talk

rozumieć

understand

pytać

ask

słyszeć

listen

pić

drink

jeść

eat

sprzątać

tidy up

kochać

love

gotować

cook

jechać

drive

latać

fly

żeglować

sail

liczyć

calculate

czytać

read

uczyć się

learn

pracować

work

wejść w związek małżeński

marry

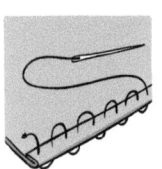

szyć

sew

myć zęby

brush teeth

zabić

kill

palić tytoń

smoke

wysłać

send

Rodzina
family

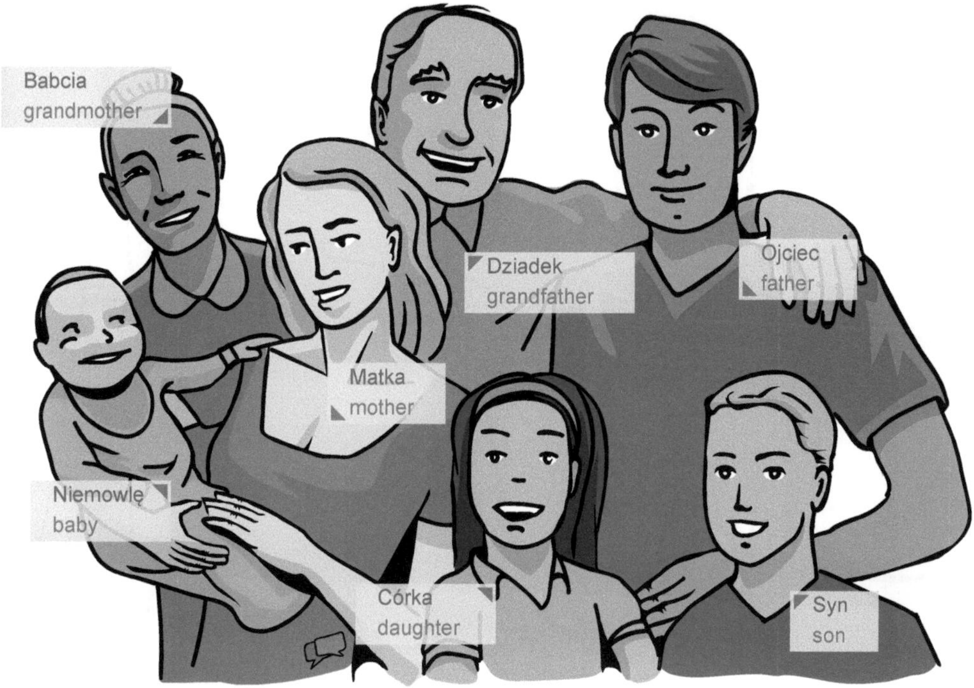
Babcia
grandmother
Dziadek
grandfather
Ojciec
father
Matka
mother
Niemowlę
baby
Córka
daughter
Syn
son

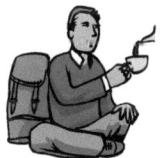

Gość
....
guest

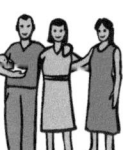

Ciotka
....
aunt

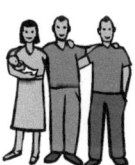

Wujek
....
uncle

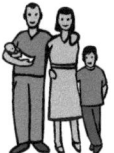

Brat
....
brother

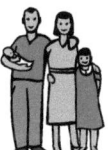

Siostra
....
sister

Ciało
body

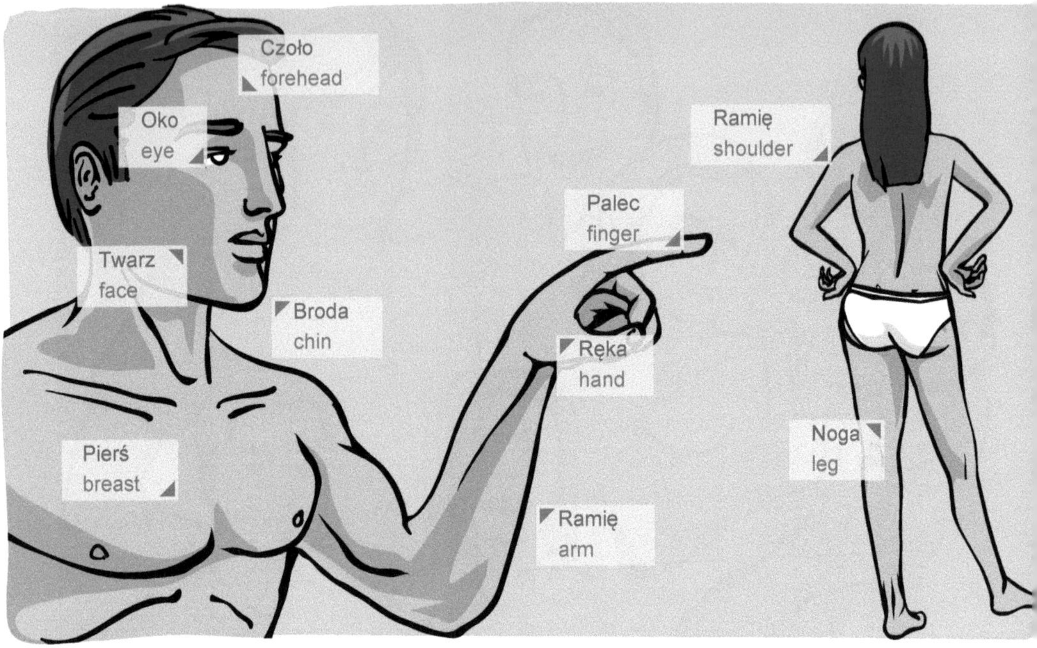

Czoło
forehead

Oko
eye

Ramię
shoulder

Palec
finger

Twarz
face

Broda
chin

Ręka
hand

Pierś
breast

Noga
leg

Ramię
arm

Niemowlę

baby

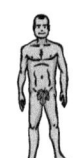

Mężczyzna

man

Kobieta

woman

Dziewczyna

girl

Chłopiec

boy

Głowa

head

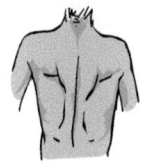

Plecy

back

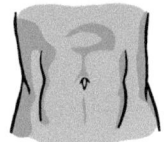

Brzuch

belly

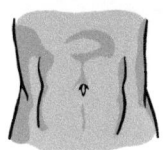

Pępek

navel

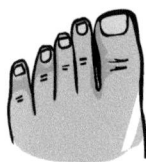

palec nogi

toe

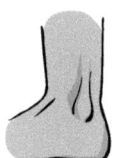

Pięta

heel

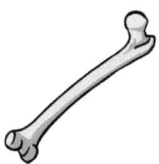

Kość

bone

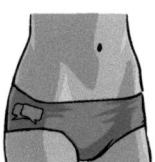

Biodro

hip

Kolano

knee

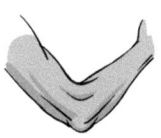

Łokieć

elbow

Nos

nose

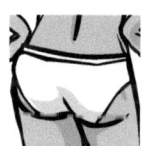

Pośladki

buttocks

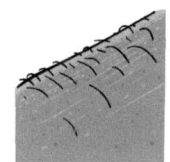

Skóra

skin

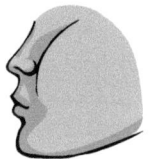

Policzek

cheek

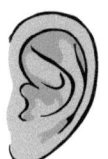

Uszy

ear

Warga

lip

Usta

mouth

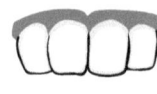

Ząb

tooth

Język

tongue

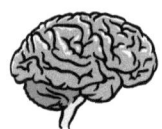

Mózg

brain

Serce

heart

Mięsień

muscle

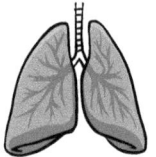

Płuca

lung

Wątroba

liver

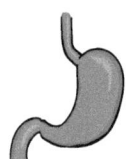

Żołądek

stomach

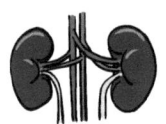

Nerki

kidneys

Stosunek płciowy

sex

Kondom

condom

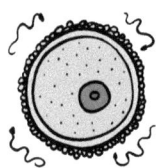

Komórka jajowa

ovum

Sperma

semen

Ciąża

pregnancy

Ciało - body

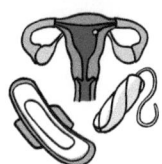

Menstruacja

menstruation

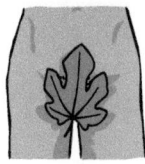

Wagina

vagina

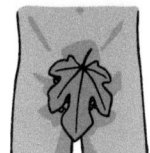

Penis

penis

Brew

eyebrow

Włosy

hair

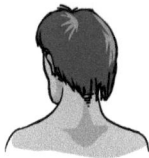

Szyja

neck

Szpital
hospital

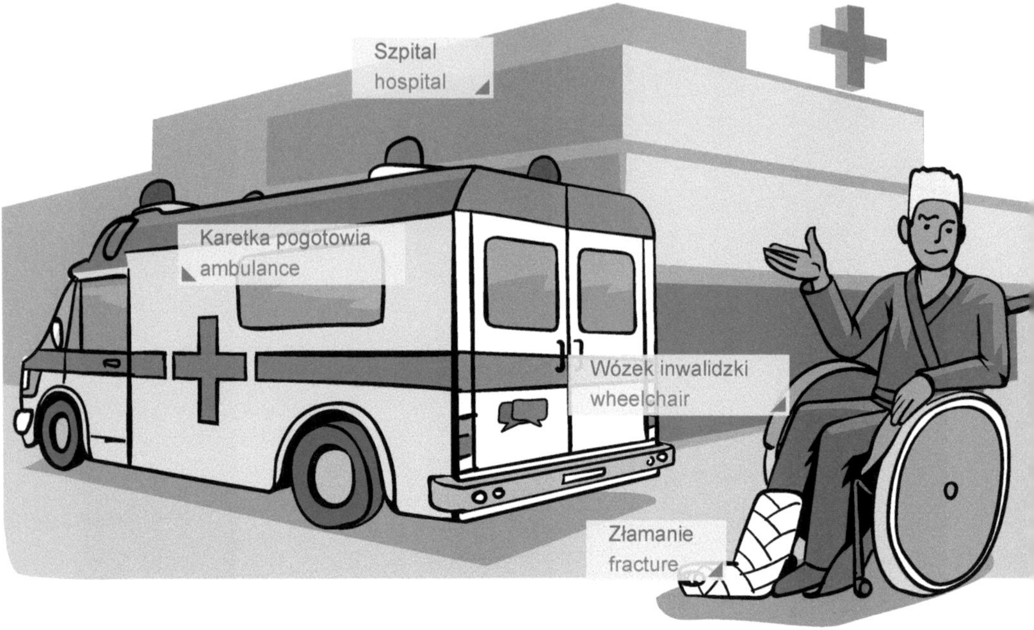

Szpital
hospital
Karetka pogotowia
ambulance
Wózek inwalidzki
wheelchair
Złamanie
fracture

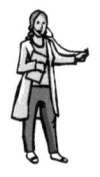

Lekarz

doctor

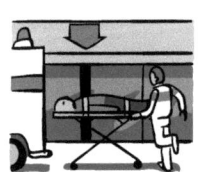

Izba przyjęć

emergency room

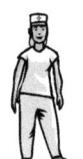

Pielęgniarka

nurse

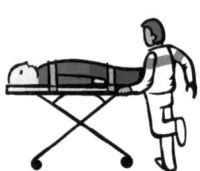

Nagły przypadek

emergency

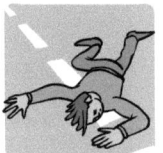

nieprzytomny

unconscious

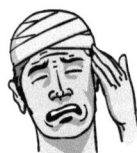

Ból

pain

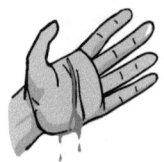

Skaleczenie

injury

Krwawienie

bleeding

Zawał serca

heart attack

Udar mózgu

stroke

Alergia

allergy

Kaszleć

cough

Gorączka

fever

Grypa

flu

Biegunka

diarrhea

Ból głowy

headache

Rak

cancer

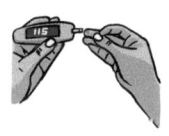

Cukrzyca

diabetes

Chirurg

surgeon

Skalpel

scalpel

Operacja

operation

CT
CT

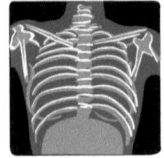

Rentgen
x-ray

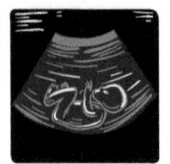

Ultradźwięki
ultrasound

Maska
face mask

Choroba
disease

Poczekalnia
waiting room

Kula
crutch

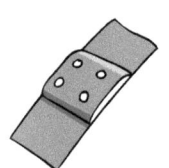

Plaster
plaster

Opatrunek
bandage

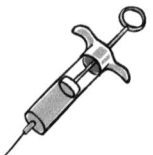

Iniekcja
injection

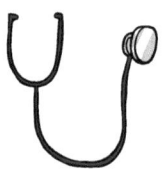

Stetoskop
stethoscope

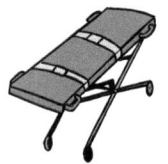

Nosze
stretcher

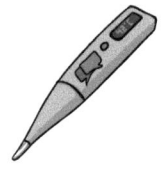

Termometr
clinical thermometer

Poród
birth

Nadwaga
overweight

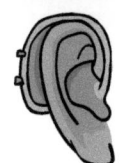

Aparat słuchowy

hearing aid

Środek dezynfekcyjny

disinfectant

Infekcja

infection

Wirus

virus

HIV / AIDS

HIV / AIDS

Medycyna

medicine

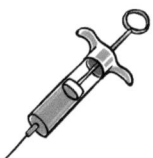

Szczepienie

vaccination

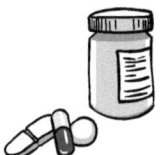

Tabletki

tablets

Pigułka

pill

Telefon ratunkowy

emergency call

Ciśnieniomierz krwi

blood pressure monitor

chory / zdrowy

ill / healthy

Pomocy! Help!	 Alarm alarm	 Napad assault
 Atak attack	 Niebezpieczeństwo danger	 Wyjście awaryjne emergency exit
Pożar! Fire!	 Gaśnica fire extinguisher	 Wypadek accident
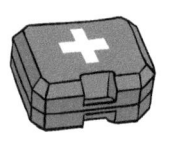 Walizeczka pierwszej pomocy first-aid kit	 SOS SOS	 Policja police

Europa

Europe

Ameryka Północna

North America

Ameryka Południowa

South America

Afryka

Africa

Azja

Asia

Australia

Australia

Atlantyk

Atlantic

Pacyfik

Pacific

Ocean Indyjski

Indian Ocean

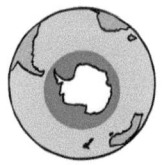

Ocean Antarktyczny

Antarctic Ocean

Ocean Arktyczny

Arctic Ocean

Biegun północny

North pole

Biegun południowy

South pole

Antarktyda

Antarctica

Ziemia

earth

Kraj

land

Morze

sea

Wyspa

island

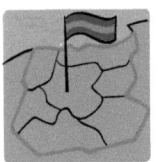

Naród

nation

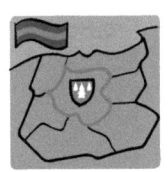

Państwo

state

Cyferblat

clock face

Wskazówka godzinowa

hour hand

Wskazówka minutowa

minute hand

Wskazówka sekundowa

second hand

Która godzina?

What time is it?

Dzień

day

Czas

time

teraz

now

Zegarek digitalny

digital watch

Minuta

minute

Godzina

hour

Tydzień
week

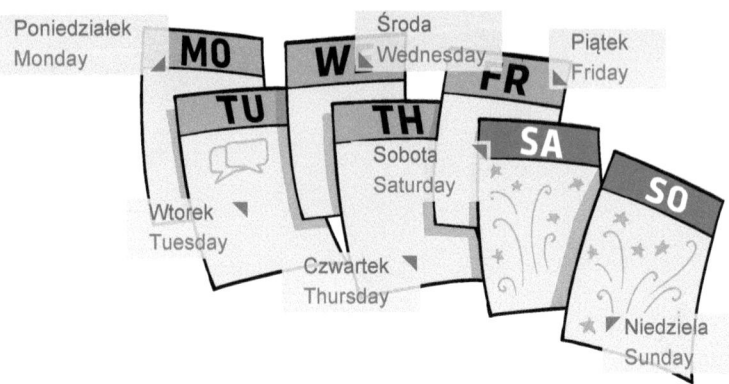

Poniedziałek
Monday

Środa
Wednesday

Piątek
Friday

Wtorek
Tuesday

Sobota
Saturday

Czwartek
Thursday

Niedziela
Sunday

wczoraj

yesterday

dzisiaj

today

jutro

tomorrow

Rano

morning

Południe

noon

Wieczór

evening

MO	TU	WE	TH	FR	SA	SU
1	2	3	4	5	6	7
8	9	10	11	12	13	14
15	16	17	18	19	20	21
22	23	24	25	26	27	28
29	30	31	1	2	3	4

MO	TU	WE	TH	FR	SA	SU
1	2	3	4	5	6	7
8	9	10	11	12	13	14
15	16	17	18	19	20	21
22	23	24	25	26	27	28
29	30	31	1	2	3	4

Dni robocze

workdays

Weekend

weekend

Rok
year

Deszcz
rain
Tęcza
rainbow
Wiatr
wind
Śnieg
snow
Wiosna
spring
Lato
summer
Jesień
fall
Zima
winter

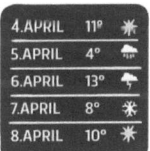

4.APRIL 11°
5.APRIL 4°
6.APRIL 13°
7.APRIL 8°
8.APRIL 10°

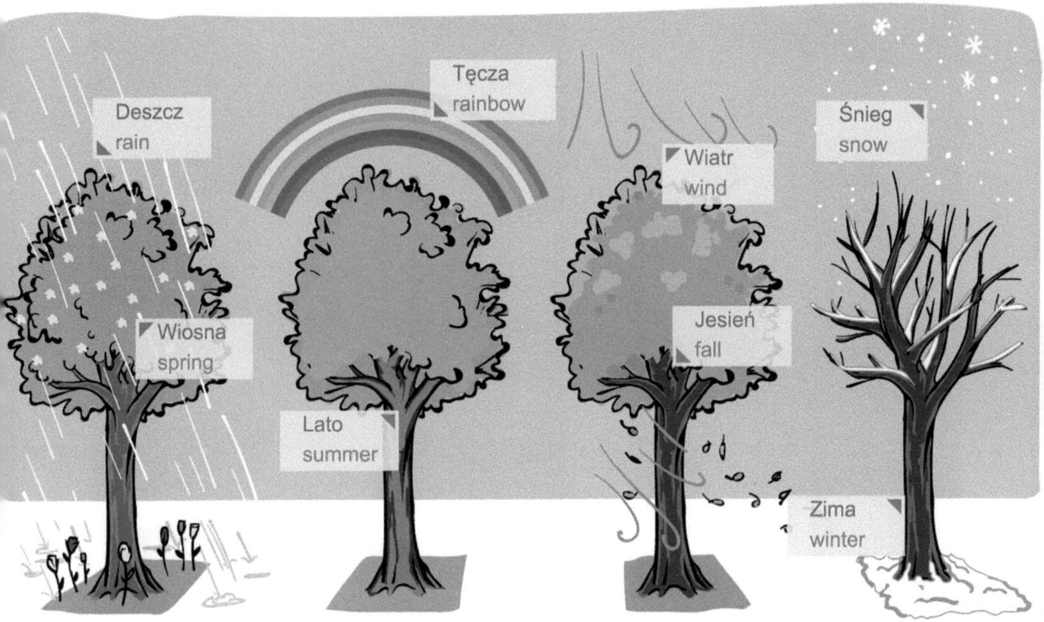

Prognoza pogody

weather forecast

F C
120 40
90 30
60 20
30 10
0 0
-30 -10
-20

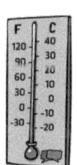

Termometr

thermometer

Światło słoneczne

sunshine

Chmura

cloud

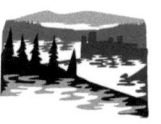

Mgła

fog

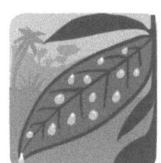

Wilgotność powietrza

humidity

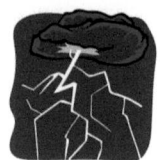

Błyskawica

lightning

Grzmot

thunder

Sztorm

storm

Grad

hail

Monsun

monsoon

Potop

flood

Lód

ice

Styczeń

January

Luty

February

Marzec

March

Kwiecień

April

Maj

May

Czerwiec

June

Lipiec

July

Sierpień

August

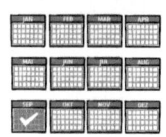

Wrzesień

September

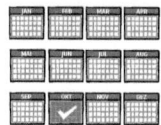

Październik

October

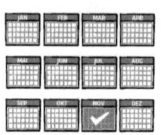

Listopad

November

Grudzień

December

Kształty
shapes

Koło

circle

Kwadrat

square

Prostokąt

rectangle

Trójkąt

triangle

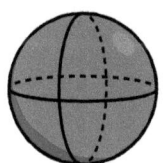

Kula

sphere

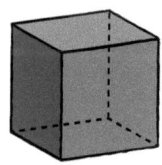

Sześcian

cube

Kolory
colors

biały

white

żółty

yellow

pomarańczowy

orange

różowy

pink

czerwony

red

liliowy

purple

niebieski

blue

zielony

green

brązowy

brown

szary

gray

czarny

black

dużo / mało
a lot / a little

wściekły / spokojny
angry / calm

piękny / brzydki
beautiful / ugly

początek / koniec
beginning / end

duży / mały
big / small

jasny / ciemny
bright / dark

brat / siostra
brother / sister

czysty / brudny
clean / dirty

kompletny / niekompletny
complete / incomplete

dzień / noc
day / night

umarły / żywy
dead / alive

szeroki / wąski
wide / narrow

jadalny / niejadalny

edible / inedible

zły / uprzejmy

evil / kind

podniecony / znudzony

excited / bored

gruby / chudy

fat / thin

najpierw / na końcu

first / last

przyjaciel / wróg

friend / enemy

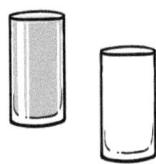

pełen / pusty

full / empty

twardy / miękki

hard / soft

ciężki / lekki

heavy / light

głód / pragnienie

hunger / thirst

chory / zdrowy

ill / healthy

nielegalny / legalny

illegal / legal

inteligentny / głupi

intelligent / stupid

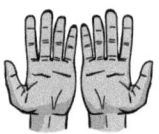

lewo / prawo

left / right

bliski / daleki

near / far

Przeciwieństwa - opposites

nowy / używany

new / used

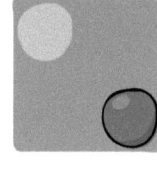

nic / coś

nothing / something

stary / młody

old / young

włącz / wyłącz

on / off

otwarty / zamknięty

open / closed

cichy / głośny

quiet / loud

bogaty / biedny

rich / poor

prawidłowy / błędny

right / wrong

chropowaty / gładki

rough / smooth

smutny / szczęśliwy

sad / happy

krótki / długi

short / long

powolny / szybki

slow / fast

mokry/suchy

wet / dry

ciepły / chłodny

warm / cool

wojna / pokój

war / peace

0	**1**	**2**
zero	jeden	dwa
zero	one	two

3	**4**	**5**
trzy	cztery	pięć
three	four	five

6	**7**	**8**
sześć	siedem	osiem
six	seven	eight

9	**10**	**11**
dziewięć	dziesięć	jedenaście
nine	ten	eleven

12

dwanaście

twelve

13

trzynaście

thirteen

14

czternaście

fourteen

15

piętnaście

fifteen

16

szesnaście

sixteen

17

siedemnaście

seventeen

18

osiemnaście

eighteen

19

dziewiętnaście

nineteen

20

dwadzieścia

twenty

100

sto

hundred

1.000

tysiąc

thousand

1.000.000

milion

million

Języki
languages

Angielski

English

Angielski amerykański

American English

Chiński mandaryński

Chinese Mandarin

Hindi

Hindi

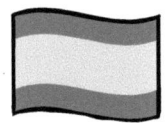

Hiszpański

Spanish

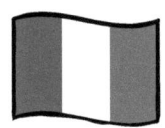

Francuski

French

Arabski

Arabic

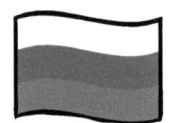

Rosyjski

Russian

Portugalski

Portuguese

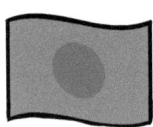

Bengalski

Bengali

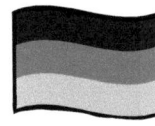

Niemiecki

German

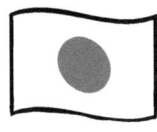

Japoński

Japanese

ja

I

ty

you

on / ona / ono

he / she / it

my

we

wy

you

oni

they

kto?

who?

co?

what?

jak?

how?

gdzie?

where?

kiedy?

when?

Nazwisko

name

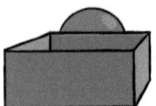

za

behind

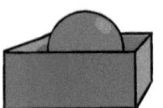

w

in

przed

in front of

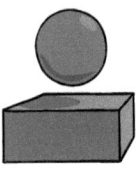

powyżej

over

na

on

pod

under

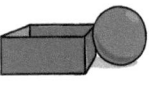

obok

beside

między

between

Miejsce

place